John Matthews • Tagebuch eines Hamsters

John Matthews

# Tagebuch
# eines Hamsters

FRIELING

Die Deutsche Bibliothek – CIP-Einheitsaufnahme
**Matthews, John:**
Tagebuch eines Hamsters / John Matthews. –
Orig.-Ausg., 1. Aufl. – Berlin : Frieling, 1997
(Frieling-Kinderbuch)
ISBN 3-8280-0401-6

© Frieling & Partner GmbH Berlin
Hünefeldzeile 18, D–12247 Berlin-Steglitz
Telefon: 0 30 / 7 74 20 11

ISBN 3-8280-0401-6
1. Auflage 1997
Illustrationen: John Matthews

# Die Familie

Es war der 15. Januar, als ich, Abraham G. Hamster, geboren wurde. Natürlich wußte ich zu diesem Zeitpunkt noch nicht, daß mein Name Abraham sein würde.

Wie jeder neugeborene Hamster lebte ich mit meiner Mutter und mit vielen Brüdern und Schwestern zusammen in einem großen Käfig. Dort lebten wir für ungefähr vier Wochen zusammen. Danach waren wir zu groß und stritten oder bissen uns nur gegenseitig. Lebten wir in freier Natur, dann könnten wir uns jeder einen eigenen Platz zum Leben suchen.

Da wir aber in einem Käfig wohnten, wurde uns das früher oder später alles zu eng. Darum gaben die Menschen, bei denen wir uns im Augenblick aufhielten, uns Hamsterkinder zu anderen Familien. Das war dann eine Zeit, wo viele Leute uns besuchten. Am Anfang war das auch sehr interessant und aufregend, denn wir bekamen ja sehr viel Beachtung und Komplimente bezüglich unserer Schönheit. Aber je länger das dauerte, desto langweiliger wurde es, immer die gleichen Worte zu hören: „Sind die nicht süß!"

Aber nicht nur das, wir wurden ja auch laufend gestört. Normalerweise sind wir nur nachts aktiv und schlafen tagsüber. Natürlich hofften wir alle, in eine gute Familie aufgenommen zu werden. In eine Familie, die wirklich auf uns und unsere Bedürfnisse eingehen würde. Eine Familie, die uns auch lieben würde. Wie auch immer, im Augenblick langweilten wir uns, und so war es nicht weiter erstaunlich, daß wir alles Interesse an den Leuten verloren. Anstatt aufzuwachen, schliefen wir einfach weiter.

Aber eines Tages war es anders. Nachmittags hörte ich wieder Geräusche und Stimmen von Menschen, die uns besuchen kamen. Das Dach unseres Schlafzimmers wurde hochgehoben, und plötzlich spürte ich eine ganz besondere Atmosphäre und Schwingungen. Meine Ohren öffneten sich weit. Alle meine Brüder und Schwestern schliefen noch.

Das war meine Chance. Mit all meinen Sinnen spürte ich, daß diese Leute gerade nach mir suchten. Mir gefielen ihre Stimmen, ganz besonders die Stimme des Mannes. Würde er mein zukünftiger Vater werden? Ich hörte ihn sagen, daß es eine schwierige Aufgabe sein würde, den richtigen Hamster zu finden, da sie alle gleich schön seien. Das war der Moment, wo ich handeln mußte. Ich sprang auf, wirbelte herum, öffnete meine Augen und rief: „Nimm mich! Sieh mich mal an! Ich bin derjenige, den du suchst!" Zumindest dachte ich, daß ich das alles tat. Ich war so aufgeregt, daß ich mich einfach nicht mehr erinnern konnte, was ich alles machte.

Nach einiger Zeit absoluter Stille hörte ich eine geliebte Stimme sagen: „Der da ist es. Den nehmen wir. Ich glaube, der paßt gut zu uns."

Ich traute meinen Ohren nicht. Ich dachte, mein Herz bleibt stehen. Aber dann hätte ich singen und tanzen können vor Glück. Laut rief ich aus: „Ich habe es geschafft. Ich habe es wirklich geschafft!"

Nach einem kurzen Austausch höflicher Worte begannen sie dann ernsthaft über die Situation zu sprechen. Sie dachten darüber nach, wie sie mich mit nach Hause nehmen konnten. Sie wohnten nur einen kurzen Spaziergang weit entfernt, darum waren sie auch nicht mit dem Auto gekommen. Aber es war ein lausig kalter und grauer Tag. Sie fürchteten bereits, daß ich mich irgendwie erkälten könnte. Wie rücksichtsvoll sie waren.

Endlich fanden sie dann einen Karton mit Löchern drin. Sie legten etwas Hamsterwatte hinein, und ich wurde auch reingesetzt. Dann kam der Deckel drauf, und ein Handtuch wurde zusätzlich um den Karton gewickelt. Ich muß zugeben, daß ich mich angenehm warm in diesem Karton fühlte. Nun war es Zeit zu gehen.

Wir eilten zu ihrem Haus. Eigentlich müßte ich ja sagen: zu *meinem* neuen Zuhause. In dem Karton wurde ich fast seekrank, weil sie so eine komische Art zu gehen haben. Die ganze Zeit hüpfte ich in dem Karton auf und ab, und ich war froh, als wir endlich zu Hause ankamen. Aber den ganzen Weg über fragte ich mich natürlich: „Wie wird es sein? Haben sie wirklich an alles gedacht, was ich so brauche? Nun, bald werde ich es wissen, dann werde ich es mit meinen eigenen Augen sehen."

Zuerst wurde das Handtuch entfernt, der Deckel des Kartons hochgehoben, und dann waren wir alle still. Keiner sagte ein Wort, wir schauten uns alle nur an. Dann nahm der Mann, den ich von nun an „Vati" nennen werde, mich aus dem Karton heraus. Er ging dabei so sachte vor, und seine Stimme war so sanft, daß sich mir vor Wonne mein Schwänzchen kringelte.

Wenn ihr meinen winzigen Schwanz sehen würdet, könntet ihr es nicht glauben. Aber es ist wahr. Vati streichelte meinen Kopf mit seinem Zeigefinger und sagte: „Herzlich willkommen in deinem neuen Zuhause. Wir hoffen, daß es dir gefällt."

Ich schaute mich ein wenig um, und mir gefiel es wirklich ganz gut. Es war ein großes, helles Wohnzimmer. Und dann sah ich es. Einen großen Käfig mit einem kleinen Haus darin. Mein eigenes Haus, ein gelbes Laufrad, worin ich joggen konnte, und eine Plattform mit kleinen Schälchen für Essen und Wasser. Ich war sehr erfreut und glücklich.

Vati sagte: „Ich tue dich jetzt in deinen Käfig, und dann geben wir dir etwas Zeit, damit du dich ein wenig an deine neue Umgebung gewöhnen kannst. Später erzählen wir dir alles über uns. Aber versuch jetzt zuerst mal, dich zu entspannen. Das ist sicherlich alles sehr aufregend für dich."

Er hatte recht. Aber ich war zu aufgeregt, um mich auszuruhen. Ich wollte meine Umgebung auskundschaften. Ich hatte ein grünes Haus mit einem roten Dach. Ich hüpfte in mein gelbes Laufrad und begann mein sportliches Training, drehte aber nur ein paar Runden. Danach rannte ich die Treppen zu der Plattform hinauf, um zu sehen, welche Art von Essen mich im Futternapf erwartete.

Oh! Es war das Paradies. Ich sah jede Menge frisches Obst und Gemüse und Maiskörner und andere Samen. Ich konnte nicht anders. Ich mußte einfach anfangen zu essen. Natürlich füllte ich mir auch meine Einkaufstaschen voll.

Auf einmal überkam es mich doch. Ich wurde plötzlich so müde, daß ich mich sofort auf den Weg zu meinem Haus machte. Da waren eine Tür und ein Fenster in meinem Haus. Ich Dummerchen kletterte natürlich durch das Fenster hinein. Ich hörte noch, wie meine Familie lachte, aber ich kümmerte mich nicht weiter darum, denn ich war zu müde. In meinem Haus war eine genügende Menge Hamsterwatte. Ich machte schnell mein Bett, leerte meine Taschen aus und schlief dann sofort ein.

Nach einem langen, tiefen Schlaf wachte ich dann auf. Das erste, was ich fühlte, war mein leerer Bauch. Aber meine Neugier war stärker. Ich krabbelte aus meinem Bett heraus und reckte und streckte mich. Dann spähte ich aus meinem Fenster und blickte direkt in die Augen eines meiner Brüder. „Vati!" rief er. „Vati, Abraham ist wach!"

Und ehe ich mich versah, war meine ganze Familie zur Stelle, alle lächelten. Ich versuchte auch zu lächeln, aber ich war noch zu schüchtern. Darum drehte ich mich schnell herum und versteckte mich in meinem Haus. Ich hörte enttäuschte Laute. Ich schämte mich ein wenig und war traurig, daß ich so reagiert hatte. Aber ich hörte Vati die anderen bitten, mir etwas mehr Zeit zu geben, um mich einzugewöhnen. Da fühlte ich mich wieder etwas besser.

Als ich meine Familie das nächste Mal sah, waren die Umstände viel besser. Ich konnte mich nämlich aus meinem Haus schleichen, ohne daß mich jemand bemerkt hatte. Ich kletterte auf Zehenspitzen die Leiter zu meiner Plattform hinauf, setzte mich auf mein Hinterteil und bewegte mich nicht mehr. Ich beobachtete sie einfach nur. Sie sahen alle so friedlich aus, so daß ich nicht länger schüchtern oder gar ängstlich war.

Mutti deckte den Abendtisch, und meine Brüder spielten auf dem Boden mit ihren Spielzeugen. Vati saß direkt neben meinem Käfig auf der Couch und las in einem Buch. Als ich aber in sein Gesicht blickte, grinste er. Er hatte mich trotz allem bemerkt. Er drehte sich langsam zum Käfig und zu mir herum. Flüsternd sagte er zu mir: „Wie geht es meinem Kleinen denn heute so? Hast du jetzt Zeit genug gehabt, dich an uns und deine neue Umgebung zu gewöhnen? Soll ich die Türe aufmachen und dich herauslassen?"

Ich sah ihn an, aber ich war im Augenblick noch nicht so sicher. Wie dem auch sei, ich bewegte mich langsam auf ihn zu und berührte mit meinem Schnurrhaar seine Nase. Was für ein wunderbares Gefühl. Es schien so, als mochte er es auch, denn er sagte: „Vielen Dank für diesen lieblichen Kuß, mein Kleiner."

Inzwischen waren auch meine Brüder und Mutti neben meinem Käfig angelangt. Vati erinnerte die Jungen noch mal daran, nicht zu laut zu sprechen und sich nicht zu schnell oder ruckartig zu bewegen. Dann öffnete er das Türchen und bat mich herauszukommen. Vorsichtig kletterte ich hinaus, schnüffelte herum, schaute nach Mutti und meinen Brüdern, zögerte aber immer noch. Vati sprach zu mir in seiner ruhigen und freundlichen Art: „Nun komm schon, wir tun dir nicht weh."

Ich sah ihm in die Augen und glaubte ihm. Sie wollten mir wirklich nichts antun, und so kletterte ich dann auf seine Hand. Sie fühlte sich schön weich und warm an. Ich krabbelte auf seinem Arm rauf und runter, hin und her und wurde richtig aktiv.

Vati meinte: „Nun mal langsam, mein Sohn. Hör mir mal zu. Schau mal dorthin, das ist Mutti. Der größere Junge ist mein ältester Sohn John, und der kleinere ist Gordon, mein zweiter Sohn.

Da wir dich adoptiert haben, geben wir dir den Namen Abraham. Von nun an bist du mein dritter Sohn. Aber da ist noch mehr, das du wissen solltest. Wir leben augenblicklich hier in Deutschland, tatsächlich sind wir aber Australier. Da du nun mein Sohn bist, erkläre ich dich auch zum Australier. Aber du mußt auch, wie meine beiden anderen Söhne, beide Sprachen sprechen lernen. Nun schau mal zu deinem Käfig. Siehst du die australische Flagge obendrauf? Das muß gefeiert werden. Meinst du nicht auch?"

Ich war überwältigt. So viele gute und schöne Neuigkeiten. Ich wußte nicht, was ich sagen sollte. So rannte ich schnell seinen Arm hinauf auf seine Schulter, knabberte liebevoll an seinem Ohrläppchen und flüsterte: „Danke schön, Vati, ich liebe dich."

Danach hatten wir alle zusammen Abendessen. Es war ein köstliches Mahl, und ich war so satt, daß ich mich anschließend ausruhen mußte. John brachte mich in meinen Käfig. Die ganze Zeit mußte ich darüber nachdenken, wie ich alle glücklich machen konnte. Ich saß auf meinem Hinterteil auf meiner Plattform und schaute zu der australischen Flagge hoch, als ich Vati zu Mutti sagen hörte: „Hörst du das? Hörst du auch, was ich höre? Summt Abraham bereits »Waltzing Mathilda«*?"

Mutti sah Vati an, als ob er den Verstand verloren hätte. Aber Vati sah bereits zu John und Gordon und grinste. Da brachen alle in lautes Gelächter aus. Ich lachte auch und hatte das wunderbare Gefühl, daß ich wirklich zu dieser etwas verrückten Familie gehörte. Ich war jetzt sehr glücklich, aber auch sehr erschöpft. Vergeßt nicht, ich war ja noch sehr jung zu der Zeit. Und somit ging ich dann in mein Haus und schlief sofort ein.

---

* *Australisches Lied*

# Erste Freiheit

Die Zeit verging. Ich wurde größer und älter. Eines Tages fragte Gordon: „Vati, ist Abraham jetzt groß genug, um im Wohnzimmer herumzulaufen?"

Vati antwortete: „Ich glaube schon. Aber ihr müßt alle Türen geschlossen halten und ihn gut beobachten, denn ich will nicht, daß ihm etwas zustößt."

Das war eine völlig neue Erfahrung für mich. Solch ein großer Raum für so einen kleinen Hamster wie mich. Es war ein Gefühl von Freiheit, und ich wußte nicht, wohin ich zuerst laufen sollte. Ich rannte hierhin und dorthin, schnüffelte hier und da und knabberte mal hieran und mal daran. Es war so aufregend. Ich durfte sogar mit den Spielsachen meiner Brüder spielen. Sie hatten eine Burg. Da konnte ich hinein und drinnen herumkrabbeln. Außerdem war da

eine Tankstelle mit einer Hochgarage. Ich be-
nutzte den Lift darin und fiel herunter. Meine
Brüder lachten über meine lustige Art zu spielen. Wir hatten jede Menge Spaß zusammen.

Natürlich, manchmal war ich auch ungezo-
gen. Zum Beispiel liebte ich es geradezu, an
elektrischen Kabeln zu knabbern oder auch
Streifen aus der Tapete zu reißen. Vati mochte

das gar nicht, darum schimpfte er mich aus. Ich versuchte, es nicht mehr zu tun, aber irgendwie vergaß ich es immer wieder.

Manchmal durfte ich auch im Korridor spielen. Das war anders. Da war kein Teppich auf dem Boden. Darum war der Boden ziemlich kühl und rutschig. Auch die Möbel waren anders, aber interessant. Ich fand ein kleines, offenes Regal für Schuhe. Ich entschied, daß das Regal gut für sportliche Übungen sein würde, zum Beispiel Klimmzüge.

Manchmal nahmen meine Brüder alle Schuhe heraus und legten sie in der Mitte des Korridors zu einem Hügel zusammen. Auf dem konnte ich dann herumklettern. Da hatten sich auch kleine Höhlen gebildet, in denen ich verschwinden konnte. Aber es war nicht nur Spaß. Besonders, wenn ich an Johns Schuhen vorbeikam, wurde ich blaß. Ich mußte die Luft anhalten und lossprinten, damit ich wieder an die frische Luft kam. An anderen Tagen spielten wir

Schatzsuche. John und Gordon nahmen dann einige Sonnenblumenkerne oder Nüsse und versteckten sie. Ich ging sie dann suchen. Das machte richtig Spaß, und als Belohnung für gute Arbeit fand ich auch noch ein Schälchen mit einem Klecks Joghurt drauf.

# Bergsteigen

Eines Tages hatte ich die Chance meines Lebens. Die Idee vom Bergsteigen kam mir eigentlich schon früher. Aber meine Familie schob einen bestimmten, hohen Schrank immer so weit von der Wand weg, daß ich mir meinen Traum bisher nicht erfüllen konnte. Aber heute war meine große Chance. Der Schrank hatte genau den richtigen Abstand von der Wand. John und Gordon waren an dem Tag ein wenig schläfrig und paßten für einen Augenblick nicht sehr gut auf. Ich lief unter den Schrank und an die Wand. Ich zog mich hoch, drehte mich herum und drückte meinen Rücken gegen die Wand. Mit meinen winzigen Füßen und Krallen drückte ich gegen die Rückwand des Schrankes. Es war eigentlich ganz einfach, mich so hochzuarbeiten, obwohl es mich sehr viel Kraft kostete. Ich hatte ungefähr dreiviertel meines Weges nach oben geschafft, als ich eine Pause einlegen mußte. Unglücklicherweise war das der Moment, als Gordon in meine Richtung nach oben schaute. Seine Augen wurden ganz groß vor Erstaunen, und sein Mund öffnete sich zu einem fürchterlichen Schrei: „Vati!!! – Komm schnell!!!"

Vati kam angerannt und fragte: „Was ist denn los? Warum schreist du denn so laut?"

Gordon zeigte mit seinem Finger in meine Richtung und sagte: „Da! Sieh mal, was Abraham macht."

Zuerst war Vati auch erschrocken, aber ich spürte, daß er bereits nachdachte, was als nächstes zu tun sei. „Was machst du denn da?" fragte er mich. „Übst du dich im Bergsteigen? Nun beweg dich mal ein wenig, ehe du deine Kraft verlierst, den ganzen Weg hinunterfällst und dich verletzt!"

Da ich ein guter Junge bin, gehorchte ich sofort. Vati drehte sich zu John herum und bat ihn, einen Stuhl zu holen. Als John mit dem

Stuhl ankam, stellte er ihn vor den Schrank. Vati kletterte auf den Stuhl und wartete auf meine Ankunft oben auf dem Schrank. Schon bald darauf kam ich oben an. Er nahm mich in seine Hände. Ich dachte, nun würde er mich wieder ausschimpfen. Aber er lächelte nur und sagte: „Tu das bitte nicht noch einmal, das ist nämlich viel zu gefährlich für dich, du kleiner Räuber."

# Geburtstag

Oh ja, mein Leben war wirklich aufregend. Meine Geburtstagsfeiern waren auch etwas Besonderes. Einmal beobachtete ich Mutti, wie sie meinen Geburtstagskuchen zubereitete. Sie nahm Sonnenblumenkerne, Mais, Hirse und noch jede Menge andere gesunde Sachen. Das Ganze vermischte sie mit Honig und preßte es danach in eine Form. Dort mußte es bis zum nächsten Tag – meinem Geburtstag – bleiben. Dann wurde die Form auf einen Teller umgestülpt, und in die Mitte meines leckeren Kuchens wurde eine Kerze reingesteckt. Kurz darauf brannte sie lustig auf meinem Kuchen. Nun wurde ich aus meinem Käfig genommen und genau vor den Geburtstagskuchen gesetzt. Dann sangen alle: „Happy Birthday to you ..." und sagten anschließend: „So, du kleines Geburtstagskind, nun mußt du auch die Kerze ausblasen!"

Ich versuchte das auch, aber irgendwie kam die Luft immer an den Seiten meines Mäulchens heraus. Das sah so lustig aus, daß wir alle lange Zeit lachten. Dann bat ich Vati, die Kerze für mich auszublasen. Vati sagte: „Abraham, mein Kleiner, ich habe eine Überraschung für dich. Du wirst nie erraten, was es ist."

Ich schaute ihn an und fragte mich, was es wohl sein mochte. Vati verschwand im Schlafzimmer. Kurz darauf kam er zurück und hielt etwas hinter seinem Rücken versteckt. Als ich sah, was es war, fielen mir beinahe meine Augen aus dem Kopf. Vati hatte einen Luftballon aufgeblasen, und darunter, an einem Stück Kordel, war ein kleiner Korb angebracht. Ich sah Vati schelmisch grinsen, ehe er sagte: „Und hier ist sie, meine Überraschung: ein Flug in einem selbstgemachten Heißluftballon!"

Meine Brüder kreischten: „Abraham, du Glücklicher, wir hatten bisher noch nie so eine Chance!"

Nun hielt ich es nicht länger aus. Ich rannte zu Vati und bat ihn, mich in den Korb zu setzen. Zuerst hatte ich jede Menge Schmetterlinge in meinem Bauch. Aber bald schon hatte ich mich an das Gefühl des Fliegens gewöhnt, und ich fühlte mich einfach wunderbar. Natürlich hielt Vati den Ballon die ganze Zeit, während ich durch das Wohnzimmer flog. Aber trotzdem fühlte es sich an, als ob ich wirklich „Ballon fahren" würde. Ich wette, ich war der erste Hamster in der Welt, der in einem Heißluftballon gefahren ist.

Aber mein Geburtstag war noch nicht vorbei. Meine Brüder hatten auch noch eine Überraschung für mich. Zuerst müßten sie aber noch etwas bauen, sagten sie. Dazu mußte ich meine Augen für eine kurze Zeit schließen.

Als mir gesagt wurde, die Augen wieder zu öffnen, konnte ich zuerst nichts Besonderes feststellen. Doch als ich es schließlich sah, fielen mir heute beinahe zum zweiten Male die Augen

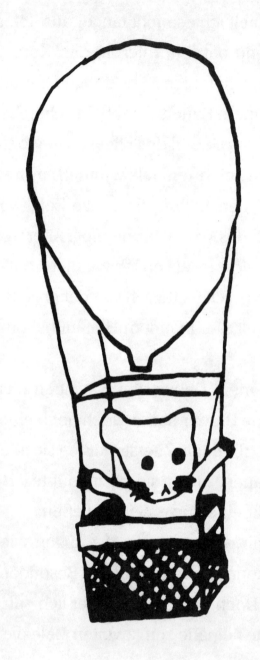

aus dem Kopf. Sie hatten den kleinen Korb vom Heißluftballon genommen und ihn auf das Dach eines ihrer ferngesteuerten Rennwagen befestigt. Außerdem hatten sie zwei kleine Sicherheitsbügel darüber gebaut. Vor Freude hüpfte ich auf und ab und brüllte: „Jaaaaaa! Das habe ich mir schon immer gewünscht. Wenn ich gesehen habe, wie eure kleinen Rennmaschinen durch das Wohnzimmer flitzten, habe ich immer gedacht, wie schön das sein müßte, in einem dieser kleinen Autos zu sitzen. Und nun wird mein Traum wahr." Ungeduldig wartete ich darauf, daß mich meine Brüder in den Fahrersitz hoben. Ich machte es mir in dem Knäuel Hamsterwolle, das mir als Sitz diente, bequem. Vati erinnerte meine Brüder daran, vorsichtig und nicht zu schnell zu fahren, denn ich trug ja keinen Sicherheitsgurt. Zuerst war die Fahrt sehr holprig und ruckelig. Aber dann hatten sie den Dreh heraus, und es war das reine Vergnügen; einfach unvergeßlich.

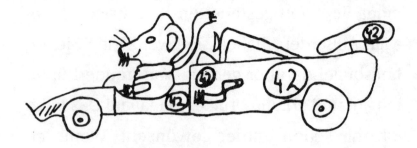

Junge, Junge. Diesen Geburtstag werde ich nie
vergessen! Danach war ich so ausgepumpt, daß
ich kaum noch in mein Bett krabbeln konnte.

# In Gefahr

An einem anderen Tag spielten wir „Verstek-
ken". Wir spielten wieder im Korridor. John und
Gordon schlossen ihre Augen und zählten bis
zehn. Innerhalb dieser Zeit mußte ich einen
Platz finden und mich verstecken. Ich fand einen wunderbaren Platz hinter einer großen Vase.
Unglücklicherweise war auch ein Stück von
einer alten Zeitung dorthin gefallen. Der Platz
war so eng, daß, wenn ich einen tiefen Atemzug nahm, das Papier zu rascheln anfing und
meine Brüder mich dadurch sofort fanden. Ich
war sehr enttäuscht und verärgert. Während ich
noch so um mich schaute, entdeckte ich etwas
Besonderes. Mutti hatte vergessen, den Staubsauger wegzustellen. Vielleicht wäre das ein viel
besserer Platz. Der Staubsauger stand hochkant
vor der Wand. Also bat ich meine Brüder, mir
noch eine Chance zu geben und diesmal aber

bis zwanzig zu zählen. John und Gordon stimm-
ten zu und begannen zu zählen. Ich eilte nun
zu meinem Versteck und schaute, ob auch ge-
nügend Platz zwischen dem Staubsauger und
der Wand war. Ja! Da würde ich zwischenpas-
sen. Zu meiner Überraschung erspähte ich ein
kleines Loch in dem Staubsauger. Es war etwa
zwanzig Zentimeter über mir. Das war mein
Versteck! Dort würden sie mich nie finden. Zu
dem Zeitpunkt wußte ich noch nicht, wie recht
ich hatte.

Ich kletterte also in meinem bewährten und
erprobten Stil zu dem Loch hoch und drückte
mich in das Loch. Es war völlig dunkel darin.
Aber ich bewegte mich noch ein wenig weiter
vorwärts, weil ich dachte, daß mein Schwänzchen noch herausschauen würde und sie mich
dann wieder so schnell finden würden. Aber
das war ein Fehler. Plötzlich konnte ich mich
nicht mehr halten und rutschte direkt in den
Papiersack, in dem der ganze Staub war. Ach

du liebe Zeit! Wie sollte ich hier jemals wieder rauskommen? Ich versuchte es, aber ich kam nicht mehr an den Ausgang. Ich hörte, wie John und Gordon sich unterhielten, wie sie Sachen hin- und herschoben und auch nach mir riefen. Ich rief auch ganz laut, aber sie konnten mein dünnes Stimmchen nicht hören. Als meine Brüder eine lange Zeit nach mir gesucht hatten und mich nicht fanden, wurden sie verzweifelt, und Gordon fing sogar an zu weinen. Ich hörte ihn sagen: „Abraham ist weg."

John versuchte, ihn zu beruhigen, und sagte ihm, daß ich nicht spurlos verschwinden könne. Aber nach einiger Zeit weiteren Suchens wurde er auch nervös und schlug vor, Vati zu holen. Vati schlief noch. Er war ein Polizist und war gestern abend spät nach Hause gekommen. Gordon sagte: „Vielleicht wird Vati böse, wenn wir ihn jetzt aufwecken."

Aber John meinte: „Vielleicht. – Andererseits liebt er Abraham aber genauso wie wir. Ich glaube, wir sollten es riskieren."

Das Schlafzimmer war zu weit von meinem jetzigen Platz entfernt. Darum konnte ich nicht hören, was nun vor sich ging. Aber eine kleine Weile später hörte ich ihn gähnen und murmeln, ihm doch alles genau zu erzählen. Meine Brüder waren aber zu aufgeregt, um alles ordentlich zu erzählen, darum mußte Vati ihnen eine Menge Fragen stellen. Inzwischen waren sie auch wieder näher gekommen, so daß ich alles verstehen konnte, worüber sie sprachen. Vati sagte gerade: „Nun beruhigt euch mal, ihr zwei. Abraham muß irgendwo sein. Nun seid mal für einen Augenblick ruhig und laßt mich mal nachdenken."

Ich konnte ihn mir so richtig vorstellen, wie er in jeder Ecke nachschaute, sich am Kopf kratzte und Grimassen wie Sherlock Holmes schnitt. Ich hatte ihn schließlich oft genug beobachtet, wenn wir Verstecken spielten. Ich rief noch mal ganz laut, aber er hörte mich auch nicht. Nach einiger Zeit sagte er: „Ich wette, ich weiß, wo er ist."

„Wo?" fragten John und Gordon gleichzeitig.

„Nun", sagte Vati, „er kann nur im Staubsauger sein!"

John und Gordon sahen sich gegenseitig erstaunt an. Konnte das wirklich sein? Mein schlauer Vati. Ich sprang voller Freude auf, aber ich fing sofort an, zu niesen. Ich hatte vergessen, daß ich von Staub umgeben war. Vati kippte den Staubsauger sehr langsam um, öffnete den Verschluß und nahm die Papiertüte vorsichtig heraus. Ich schämte mich und bewegte mich langsam auf die Öffnung zu. Ich schaute direkt in das Auge des Gesetzes. Die ganze Familie hatte sich um diese bestimmte Papiertüte versammelt. Alle wollten sie ihren Superstar herauskommen sehen. Sie lachten alle oder kicherten und waren froh, daß sie mich wiedergefunden hatten. Ich war ganz verlegen und entschuldigte mich bei allen, da ich ihnen soviel Sorgen und Ärger bereitet hatte. Sie begannen, mich aufzuziehen: „Hast du ein neues Fell, Abraham, oder ist das die neueste Mode?" fragte Gordon.

„Oder ist es vielleicht Sternenstaub?" fragte John.

Ich kletterte in Vatis Hand. „So, mein Kleiner, jetzt geht's ab in den Käfig. Mach dich nun erst mal sauber. Und damit du es weißt, du hast jetzt mindestens drei Tage Stubenarrest."

Ich begann, mich zu säubern und war froh, daß meine Bestrafung nicht härter ausgefallen war. Nun hatte ich Zeit, über meine Taten nachzudenken. Ich mußte zugeben, daß Vati recht hatte. Sehr wahrscheinlich hatte er mein Leben gerettet. Nun mußte ich überlegen, wie ich sie wieder froh machen konnte, obwohl ich Stubenarrest hatte und nur im Käfig sein durfte. Ich begann also, in meinem Käfig wie verrückt herumzurennen, um sie auf mich aufmerksam zu machen. Ich machte kleine Sprünge und solche Sachen. Dann zog ich mich auf die Plattform hinauf, ohne die Treppe zu benutzen. Dort saß ich dann auf meinem Hinterteil, streckte meinen ganzen Körper in die Höhe und zog meine Vorderbeine an die Brust. Nun sah ich aus wie ein kleines Känguruh. Als nächstes kletterte ich unter das Dach meines Käfigs und hielt mich mit meinen Vorderbeinen an den Dachstäben fest. Dann ließ ich meinen restlichen Körper runtergleiten und schwang mich wie Tarzan von einer Seite des Käfigs auf die andere. Ich weiß, daß sie meine kleine Show mochten. Später wurde ich nämlich wieder gefragt, ob ich noch mal Tarzan oder das Känguruh für sie spielen würde.

# Krank

Einmal in meinem Leben wurde ich auch krank. Irgendwie mußte ich einen kalten Windhauch abbekommen haben. Es begann alles mit kräftigem Niesen, doch später wurde das Atmen sehr schwierig. Immer, wenn ich einen tiefen Atemzug nahm, dann hörte sich das an, als ob ich eine Pfeife im Hals hätte. Meine Brüder fanden das sehr lustig, es erinnerte sie an eines ihrer vielen Spielsachen: eine Bade-Ente. Die brauchten sie nur zu drücken, und schon quietschte sie. Und wenn ich rumschnüffelte, machte ich ein ähnliches Geräusch. Das fanden sie lustig. Aber als Vati es hörte, wurde er sehr besorgt. Nachdenklich schaute er mich an und fragte: „Was ist denn los mit dir? Bist du erkältet? Oder steckt irgend etwas in deinem Hals?"

Nach einem Tag konnte er das Geräusch nicht mehr hören. Er erklärte, daß wir zu einem

Tierarzt gehen werden. Ich wurde in einen kleinen, warmen Karton gesteckt, und schon ging es los. Es war nun das erste Mal, daß ich in einem richtigen Auto fuhr. Ich wünschte, ich hätte mich besser gefühlt, denn ich war sicher, daß ich es dann viel mehr genossen hätte. In der Praxis des Tierarztes mußte Vati ein Formular ausfüllen. Als ich meinen Namen auf dem Formular sah, fühlte ich mich ganz stolz, – so richtig wichtig.

Als unsere Wartezeit endlich vorbei war, wurden wir von einer jungen Arzthelferin aufgerufen. Vati erklärte dem Tierarzt alles, was sich ereignet hatte, und beantwortete alle Fragen. Dann wurde ich von dem Arzt untersucht. Später sagte er, er müßte mir eine Spritze geben. Er fragte Vati, ob ich beißen würde. Ich? Der liebenswerte Abraham? Was für eine dumme Frage! Natürlich sagte Vati, daß ich nicht beiße. Der Tierarzt lächelte verschmitzt und sagte: „Sie haben ihm auch noch nie eine Spritze gegeben, oder?"

Die junge Arzthelferin zog sich einen großen, dicken Lederhandschuh an. Fast verschwand ich darin. Ich spürte die Spritze kaum, und Vati nannte mich seinen tapferen Jungen. Wir erhielten noch Medizin für zu Hause. Ich mußte zweimal täglich fünf Tropfen zu meinen Mahlzeiten einnehmen. Das war aber ein kleines Problem. Obwohl meine Nase verstopft war, konnte ich die Medizin riechen, und ich mochte sie überhaupt nicht. Aber nach einer Woche ging es mir wieder besser, und ich fühlte mich wieder „fit wie ein Turnschuh".

# Ausgebüchst

Irgendwie erinnerte ich mich daran, daß ich versprochen hatte, keinen Unsinn mehr zu machen. Aber eines Nachts war es mir so langweilig. Ich wußte wirklich nicht, was ich mit mir anfangen sollte, und während ich mich so umschaute, fiel mir auf, daß meine Brüder das Wohnzimmer nicht aufgeräumt hatten. Überall lagen noch die Spielsachen herum. Wie gern würde ich jetzt damit spielen! Aber wie hätte ich meinen Käfig verlassen können? Die Türe war ja verschlossen. Ich versuchte mir also vorzustellen, wie Vati immer die Türe aufmachte. Ich versuchte es mal so und dann wieder auf eine andere Art und Weise. Aber alles funktionierte nicht. Dann kam mir eine brillante Idee. Ich mußte es einfach probieren.

Eilig begab ich mich in die Nähe der Tür. Mit meinen Vorderbeinen hielt ich mich einige

Stäbe oberhalb der Türe fest und ließ meinen Körper herunterhängen. Mit meinen Zähnen versuchte ich nun, den kleinen Bügel hochzuschieben. Gleichzeitig drückte ich mit meinen Hinterbeinen gegen das Türchen. Es bewegte sich ein wenig, aber ich mußte sicher noch mehr Kraft anwenden. Nachdem ich es dreimal vergeblich versucht hatte, mußte ich zuerst mal eine Pause einlegen. Aber aufgeben würde ich noch nicht. Dann endlich hatte ich Erfolg. Mit einem Knall öffnete sich die Türe und fiel wie eine Zugbrücke herunter. Was für ein tolles Gefühl! Phantastisch! Von nun an ging alles ganz leicht.

Zuerst hüpfte ich auf den Wagen hinunter, auf dem mein Käfig stand. Von dort aus mußte ich auf die Couch gelangen. Kein Problem! Die Couch war weich. Nun ließ ich mich langsam an der Couch hinunter, und meine kleinen Krallen waren eine große Hilfe, um mich sicher auf den Boden zu bringen. Dann flitzte ich zu den

Spielsachen und begann eifrig zu spielen. Das war so schön, daß ich darüber die Zeit vergaß. Plötzlich gingen im Wohnzimmer die Lichter an, und Mutti kam herein. Zuerst bemerkte sie mich nicht, zwischen all den Spielsachen. Aber dann rief sie aus: „Abraham! Was machst du denn da, und wie bist du dahin gekommen? – Hat einer vergessen, die Türe zuzumachen?"

Ich antwortete nicht, denn ich wollte mein Geheimnis so lange wie möglich für mich behalten. Später hat sie es dann Vati erzählt, und ich dachte: „Oh, Oh! Nun werde ich wieder bestraft. Was wird es diesmal sein?"

Zu meiner großen Überraschung bestrafte er mich gar nicht. Mit einem verschwörerischen Grinsen im Gesicht flüsterte er in mein Ohr: „Haben wir nicht alle gern ein wenig Freiheit von Zeit zu Zeit?"

„Ja, Vati", sagte ich, „danke, daß du so verständnisvoll bist."

Da sie nicht wußten, wie ich hatte ausbre-

chen können, verhielt ich mich in den folgen-
den Tagen sehr ruhig. Ich war in der Lage, noch
zweimal mehr auszubrechen, ehe Mutti es satt
hatte. Sie verschloß die Türe mit einem Draht.
Nun war es für mich unmöglich geworden, die
Türe noch einmal selbst zu öffnen.

Um mich zu beschäftigen, verfiel ich der
Idee, dieses Tagebuch zu schreiben.

Aber nun, fürchte ich, muß ich meine Memoi-
ren beenden. Wißt ihr, meine Augen sind auch
nicht mehr das, was sie mal waren, und bis jetzt
haben die Menschen noch keine Brillen für
Hamster erfunden.